NOUVEL ESSAI

SUR LES

HIÉROGLYPHES

ÉGYPTIENS.

AF325133

IMPRIMERIE D'ADRIEN LE CLERE ET Cᵉ,
quai des Augustins, n° 35.

NOUVEL ESSAI

SUR LES

HIÉROGLYPHES

ÉGYPTIENS.

D'APRÈS LA CRITIQUE DE M. KLAPROTH,

SUR LES TRAVAUX DE M. CHAMPOLLION JEUNE,

Par M. l'abbé Affre,

VICAIRE-GÉNÉRAL D'AMIENS.

PARIS,

AD. LE CLERE ET Cⁱᵉ, IMPRIMEURS-LIBRAIRES,

QUAI DES AUGUSTINS, n° 35.

1831.

NOUVEL ESSAI

SUR LES

HIÉROGLYPHES

ÉGYPTIENS.

SI jamais les veilles d'un intrépide investigateur de l'antiquité ont dû exciter vivement l'attention des savans, c'est surtout lorsqu'elles ont été célébrées comme pouvant faire revivre une partie des annales de la contrée la plus anciennement civilisée du globe. L'Égypte ne nous a laissé aucune histoire nationale ; car le canon de Manéthon, qui ne contient qu'une liste de souverains, ne sauroit mériter ce nom.

Quel trésor pour la science, si ces nombreuses inscriptions qui couvrent les monumens de la vallée du Nil avoient pu enfin être expliquées par un autre OEdipe capable de pénétrer leurs mystérieux symboles ! Ces belles espérances, M. Champollion a cru pouvoir en réaliser une partie; et ses admirateurs ont espéré, comme lui, que les pyramides, les obéliques, les papyrus nous diroient encore quelque chose de cette nation, sur laquelle Hérodote et Diodore de Sicile ne nous ont fait connoître qu'un petit nombre de faits détachés (1).

Ils pensoient que si nous ne pouvions parvenir, chose moralement impossible, à former une histoire suivie du royaume des Pharaons, nous pourrions du moins devenir plus certains des événemens qui nous sont déjà connus, et ajouter peut-être quelque nouvelle conquête à nos richesses historiques. M. Klaproth nous semble avoir détruit cette illusion. Sans suivre l'ordre qu'il a adopté, sans nous attacher à reproduire sa savante critique, et en évitant surtout avec soin de placer sous les yeux de nos lecteurs une discussion hérissée de lettres cophtes, grecques et hiéroglyphiques, nous essayerons de donner dans des termes simples et dans un ordre facile à

(1) Nous devons aussi à Plutarque quelques notions sur le Polythéisme égyptien.

saisir, les raisons qui s'opposent à ce que
les hiéroglyphes puissent nous être parfaitement connus. Le problème à résoudre
renfermoit deux questions bien distinctes :
Peut-on les lire? peut-on les traduire?
Avant d'essayer de lire les hiéroglyphes,
il falloit s'assurer, 1° s'ils étoient idéographiques ou phonétiques, ou en d'autres
termes, s'ils étoient l'expression d'une idée,
ou s'ils ne faisoient qu'exprimer un son;
2° s'il y avoit une méthode sûre pour distinguer ces deux espèces de signes, et chaque
signe dans la même espèce; 3° si l'on savoit
avec certitude dans quelle direction il falloit les lire; 4° enfin, comment prononcer
ces signes, supposé qu'ils fussent alphabétiques? comment parvenir à en former des
mots? telles sont les questions à examiner
pour résoudre le premier problème; peut-
on lire les hiéroglyphes?

1° Il est certain que les hiéroglyphes ren-
ferment un certain nombre de caractères
idéographiques. Les Anciens nous en ont
expliqué plusieurs dans ce sens, et leurs
explications sont connues. Ainsi on sait
que l'*abeille* signifioit la *royauté*, et que le

scarabée signifioit le *monde*. Jusqu'à ces derniers temps, les modernes sont demeurés persuadés que tous les hiéroglyphes étoient idéographiques. Ce n'est que depuis quelques années, qu'un savant anglais, Young, et plus tard, M. Champollion, avec plus de développemens et de succès, ont découvert qu'il y avoit des hiérogly-phes alphabétiques. Un bloc de basalte avoit été trouvé, pendant le séjour de l'armée française en Égypte, aux environs de Rosette. Après le départ des Français, il fut transporté au Musée britannique. C'est en examinant ce monument, et les dessins qui en ont reproduit l'inscription, que l'on s'est enfin aperçu que les noms propres contenus dans le texte grec, ne pouvoient être exprimés, dans le texte égyptien, que par des caractères alphabétiques. Cette première découverte une fois constatée, on s'en est servi pour lire sur les monument égyptiens une foule de noms propres, nationaux et étrangers. On conçoit, en effet, qu'au moyen d'un symbole, ou tropique ou énigmatique, on puisse figurer un combat, un siège, le monde, le soleil, etc., n sorte que le signe convenu pour les exprimer, les rappelle à notre esprit toutes les fois qu'il frappe nos regards : mais pour la foule des noms propres, ils ne pouvoient être exprimés par des signes idéographiques. Ces noms sans cesse renouvelés auroient tous les jours exigé de nouveaux signes, qui, ne pouvant être promptement et universellement adoptés, auroient été inutiles; et puis, quelle multitude il auroit fallu en employer! Comment trouver plusieurs millions de signes pour plusieurs millions d'individus? comment d'ailleurs leurs rapports avec l'individu qu'ils désignolent auroient-ils passé à la postérité, lorsque leur usage n'auroit été que transitoire? On conçoit donc comment l'écriture alphabétique a dû suppléer, au moins sous ce rapport, à l'insuffisance de l'écriture idéographique. Mais outre que la raison seule démontre que la chose devoit être ainsi, les monumens égyptiens nous offrent un signe non équivoque, au moyen duquel on établit sans peine que les noms propres sont écrits en caractères phonétiques. L'on s'est aperçu qu'ils étoient tous renfermés dans des cartouches, c'est-à-dire dans une sorte d'encadrement qui forme un carré long. Une fois qu'on est parvenu à constater sur le monument de Rosette et sur quelques autres, que le mot renfermé dans chacune de ces cartouches correspondoit à un nom propre écrit en grec, dont la valeur nous étoit connue, comme celui d'*Alexandre*, de *Ptolémée*, de *Cléopâtre, etc.*, il a été démontré aussi, que ces noms étoient écrits en lettres alphabétiques; sans quoi un seul signe ou une seule lettre auroit suffi, tandis que le cartouche en renfermoit plusieurs. Il paroît donc constant qu'il existe des hiéroglyphes qui sont alphabétiques ou phonétiques. Les Égyptiens s'en servoient certainement pour les noms propres; il n'est pas également démontré qu'ils les employassent pour des noms grammaticaux. La méthode de se servir des hiéroglyphes pour écrire les noms propres, consistoit à prendre dans les noms des objets les plus familiers les sons initiaux, dont la réunion étoit nécessaire pour former le nom propre. Par exemple, pour écrire *Jean*, on auroit tracé les signes

suivans : la figure d'un javelot pour le *j;*
on auroit représenté pour signifier l'*e*, le
signe ou la figure d'un écureuil; celle d'un
arbre pour l'*a*, et d'une nacelle pour l'*n*.
Mais comme dans l'égyptien, ainsi que
dans l'hébreu, on supprime les voyelles,
il auroit suffi, sans doute, de figurer ou
de désigner un javelot et une nacelle.

« Les Chinois, dit M. Klaproth, ont
» aussi une manière phonétique d'écrire
» les noms propres, qu'ils entourent sou-
» vent d'un cartouche comme les Égyp-
» tiens. La seule différence entre leur sys-
» tème phonétique et celui des bords du
» Nil, est que chez eux les caractères idéo-
» graphiques employés phonétiquement,
» ne deviennent pas des lettres alphabéti-
» ques, mais qu'elles représentent la syl-
» labe entière qu'ils expriment dans leur
» usage ordinaire » (1).

On pourroit demander dans quelle pro-
portion se trouvent les caractères idéographiques et phonétiques tracés sur les mo-

____

(1) Examen critique des travaux de M. Champollion, page 24, 25.

numens ; mais ce fait seroit trop difficile à
établir : M. Champollion a prétendu, dans
les derniers temps, que le plus grand nombre des hiéroglyphes étoit phonétique; mais
il se trouve en opposition avec les auteurs
anciens, et notamment avec saint Clément
d'Alexandrie.

2° M. Champollion nous a-t-il donné
une méthode sûre pour distinguer les signes idéographiques des signes alphabétiques? Il dit, il est vrai, que « les signes
» reconnus pour phonétiques dans les noms
» propres, conservent cette valeur phoné-
» tique dans tous les textes hiéroglyphi-
» ques où ils se rencontrent ». Mais il est
peu fidèle à cette règle, et il y déroge toutes
les fois qu'il trouve à son application un
obstacle imprévu. Ainsi l'œil auquel il avoit
donné la valeur phonétique de la lettre *s*,
et quelquefois des voyelles *a*, *e*, *o*, est em-
ployé dans un autre endroit comme signe
symbolique pour désigner le dieu *Osiris*.

Le bras tenant un crochet sert alpha-
bétiquement pour *a*, *e*, *o*; mais il a aussi
une signification idéographique, celle de
directeur.

Le bélier est tout à la fois la lettre *B*, et un symbole pour exprimer l'*esprit* ou plutôt la *vie*.

Le scarabée est un signe équivalent au D et au T; et ailleurs, il offre la signification idéographique du *monde*, de l'univers.

Le serpent signifie quelquefois les deux consonnes D et T, et quelquefois *toujours*, *éternel*.

Le vautour est tantôt mis pour le V, et tantôt pour exprimer l'idée de *mère* (1).

Il est inutile de multiplier ce genre de citations; celles-ci suffisent pour prouver que les signes alphabétiques ne sont pas toujours distincts des signes idéographiques. Il y a plus; les divers signes alphabétiques, du moins tels que les emploie M. Champollion, ne sont pas toujours distingués entre eux. Ainsi l'œil sans cils, auquel il avoit d'abord donné la valeur d'un S, a été changé plus tard en *a*, *é*, *o*, sans

____

(1) Voyez les assertions contradictoires de M. Champollion, dans l'ouvrage de M. Klaproth; il cite, avec la plus scrupuleuse exactitude, les endroits d'où elles sont extraites.

compter les diverses significations idéographiques dont nous avons parlé tout à l'heure. La croix que nous appelons de saint André, avoit d'abord, selon notre égyptologue, la valeur d'un E ou d'une S; plus tard, ces deux lettres sont représentées par un lapin. On sent l'importance de ces variations; car avec la faculté de donner aux signes la valeur phonétique dont on a besoin pour former des mots de son choix, il n'est rien qu'on ne puisse trouver dans une inscription.

3° Y a-t-il une méthode certaine de déterminer, dans quelle direction les hiéroglyphes doivent être lus? Est-ce de gauche à droite comme dans le grec, le latin et nos langues d'Europe? est-ce de droite à gauche comme dans l'hébreu? est-ce enfin de haut en bas? M. Klaproth prétend que les Égyptiens n'ont jamais eu de méthode invariable, mais que la dernière étoit la plus commune. Cette difficulté de déterminer la direction dans laquelle il faut lire les hiéroglyphes, ne laisse pas que d'être fort embarrassante, et M. Champollion nous en fournit la preuve. Il a cru devoir lire le monument d'Abydos (1) horizontalement ; mais, en suivant cette direction, il se trouve que cinq lignes renférment jusqu'à dix-huit fois le même signe répété, ce qui est peu probable, et ne s'explique pas naturellement ; au lieu que si on lit l'inscription de haut en bas, dès-lors les signes ne se trouvent répétés qu'une fois, et on peut supposer avec vraisemblance qu'ils expriment les qualités des souverains dont le nom est placé immédiatement au-dessus. On comprendra sans peine l'embarras où l'on est de déterminer cette direction par la seule inspection des signes et sans tenir compte du sens présumé qu'ils peuvent avoir, si l'on réfléchit que les hiéroglyphes ne sont pas séparés par des intervalles semblables à ceux qui séparent les mots dans notre écriture (2).

(1) C'est une pierre placée dans un temple de la ville de ce nom, et qui contient une liste des rois avec leurs épithètes respectives.

(2) L'auteur d'un article inséré dans la *Revue Britannique*, dit, en parlant des travaux du docteur Young sur le monument de Rosette, que ce savant, en continuant ses recherches, s'aperçut, que « les hiérogly-

Mais quoi qu'il en soit de la traduction de cette inscription, il est facile de voir que le seul doute sur la direction d'après laquelle on doit lire les hiéroglyphes suffit, tant qu'il ne sera pas levé, pour empêcher de faire quelque progrès dans leur interprétation.

4° En supposant que l'on puisse distinguer les caractères alphabétiques des caractères idéographiques, et que la direction dans laquelle on doit les lire soit bien déterminée, comment les prononcer, quelle valeur phonétique leur donner?

Nous avons déjà dit que pour écrire toutes les lettres qui forment un nom pro-

« phes sont toujours placés de droite à gauche, ou de « gauche à droite, selon que les personnages du tableau « auxquels ils appartiennent regardent dans l'une ou « l'autre direction ; que, lorsqu'il n'y a point de tableau, ils sont le plus souvent tracés dans la direction « de la droite ; et que, quand ils sont superposés, ils « doivent se lire de haut en bas. » Malgré toutes ces indications, il est assez probable que M. Champollion s'est trompé dans la lecture du monument d'Abydos. Dans l'inscription, les caractères ne semblent pas superposés, mais alignés, et cependant le sens exige qu'on lise de haut en bas.

pre, on prenoit autant de sons initiaux des
noms destinés à exprimer des objets phy-
siques, qu'il y avoit de sons à exprimer
dans le nom propre. Ainsi dans *Jean*, je
prends, pour exprimer le *j*, un javelot. Le
même système est adopté par M. Champollion pour tous les mots hiéroglyphiques,
même pour ceux qui ont une valeur gram-
maticale. Mais où trouver cette prononr-
ciation ? M. Champollion et les autres
égyptologues ont pensé qu'il falloit la chercher dans la langue cophte, regardée avec
raison comme un reste précieux de l'ancien égyptien.

D'après cette méthode, l'image d'une
main qu'on appelle *tot* dans cet idiome, devient le signe de la consonne *t;* celle d'une
hache, *kelebin*, le signe de la consonne *k;*
celle d'un livre, *labo*, le signe de la consonne *l;* celle d'un hibou, *mouladi*, le signe de la consonne *m ;* celle d'une flûte, *sé-
biandjo*, le signe de la consonne *s*. M. Champollion a réuni, pour chaque caractère, une
multitude de preuves, qui, pour quelques-
uns d'entre eux, s'élèvent à plus de cent.
C'est par ce procédé que l'on est parvenu

à former un alphabet. Les consonnes une
fois trouvées, l'on a cru découvrir encore
que l'emploi des voyelles n'étoit pas plus
commun dans l'écriture égyptienne que
dans l'écriture hébraïque, où elles sont gé-
néralement supprimées. Si tout cela étoit
incontestable, nul doute que l'on eût une
méthode sûre de lire les hiéroglyphes. Mais
indépendamment de la difficulté de distinguer les signes idéographiques des signes
phonétiques, et de s'assurer de la direction dans laquelle il faut les lire ; indépendamment, disons-nous, de ces difficultés
qu'il faut pleinement résoudre, avant de
posséder l'art de lire phonétiquement les
hiéroglyphes, il en est deux autres que
nous allons exposer brièvement. Il sera facile de les apprécier, parce que nous nous
bornerons à constater des faits que chacun,
avec quelque bonne volonté, peut vérifier.
Si la méthode de M. Champollion étoit
bonne, elle devroit avoir pour résultat de
donner aux mêmes mots la même valeur
phonétique, et d'éviter, par conséquent, de
trouver dans une suite de signes identiques
des noms totalement différens. M. Klaproth

cite pourtant treize noms extraits *de la Lettre d M. de Blacas,* où M. Champollion prétend traduire treize cartouches du monument d'Abydos, lesquels, dans son *Précis sur les hiéroglyphes,* signifient treize noms, n'ayant, avec les premiers, aucune ressemblance. En voici la preuve dans le parallèle suivant:

Misphra-thoutmosis est remplacé par *Amosis.*
Amenoftef   par *Chebron.*
Thoutmosis I.   par *Aménophis I.*
Ammon-mai   par *Amensés.*

Les neuf autres noms n'ont pas plus de ressemblance que les quatre premiers.

L'explication du monument d'Abydos offre une autre contradiction; dans les deux éditions du précis. Ce qui étoit la seizième dynastie, dans la première édition, devient la dix-septième, dans la seconde; et cette même dynastie, qui étoit d'abord celle des *Pasteurs,* n'est plus dans la deuxième édition, que la contemporaine de ces conquérans. Tout cela n'auroit pas lieu avec une bonne méthode de lire les hiéroglyphes : mais ce n'est pas tout.

Le canon de Manethon renferme une

liste des souverains qui ont régné sur l'É-
gypte. L'auteur, qui florissoit vers l'an 263
avant notre ère, étoit prêtre et remplissoit
les fonctions de sacrificateur dans le temple d'Héliopolis. Il devoit, comme tous les
membres de sa caste, posséder la meilleure
méthode de lire les hiéroglyphes; et, dans
tous les cas, il est impossible que nous ne
la préférions point à une méthode plus moderne, et que l'on nous présente entourée
de tant de difficultés. Or, pour un très-
grand nombre de noms, la liste de Manethon diffère de celle que nous donne
M. Champollion. Il est vrai que celui-ci
prétend expliquer ces différences en di-
sant que le chronologiste égyptien a em-
ployé des noms connus parmi ses contem-
porains; mais qui ne furent jamais inscrits
en caractères sacrés sur les édifices publics;
soit que ce fussent des surnoms plutôt que
de véritables noms propres; soit que,
comme les monarques chinois, ils eussent,
à la fois un nom propre et un nom de règne.
Voilà bien une assertion, mais où en est la
preuve? On pourroit la trouver dans des
faits qui établiroient d'une manière cer-

taine, non-seulement l'existence des hié-
glyphes phonétiques, mais encore leur véritable valeur; or, nous avons prouvé que
jusqu'ici M. Champollion avoit varié dans
la manière de les prononcer; qu'il n'étoit
pas même sûr de distinguer les caractères
idéographiques de ceux qui ne le sont pas,
et, qu'enfin, par suite de cette incertitude,
où l'avoit vu, sans compter ses autres variations, trouver deux manières différentes
d'écrire treize noms propres représentés
par des hiéroglyphes. S'il éprouve tant de
difficultés pour des noms propres, où il est
aidé par Manethon, et par les historiens
sacrés et profanes, que sera-ce des autres
mots pour lesquels il est dénué de tout secours historique ?

Il nous semble que ces difficultés sont
assez graves pour que l'on puisse affirmer
hardiment, que nous n'avons pas encore
trouvé une manière de lire qui nous mette
à l'abri de l'erreur. Cela ne veut pas dire
que M. Champollion n'a point lu les noms
propres inscrits sur les nombreux monumens qu'il a examinés : l'on convient que,
guidé par Manethon et les autres auteurs

2

de l'antiquité, fixé sur la place des noms propres par les cartouches, et ayant pu absolument déterminer la valeur phonétique de quelques hiéroglyphes, il a réussi à lire un assez grand nombre de noms ; mais sans jamais en être assuré par la démonstration de la bonté de sa méthode. Il lui a fallu s'entourer de secours qui y sont étrangers, et il est tombé, malgré ces secours même, dans des variations et des contradictions qui étonnent et embarrassent le lecteur attentif. Il nous reste à parler de la traduction des hiéroglyphes, seconde question fort peu attrayante pour l'imagination, quoique moins aride que la première.

Il est évident qu'une condition essentielle à toute traduction est de lire les mots dont on essaie de rendre le sens dans une autre langue ; toutefois, il est bon d'observer que tous les hiéroglyphes ne peuvent être traduits. Comme nous l'avons déjà fait remarquer, ils sont ou idéographiques ou alphabétiques : ce sont ceux-ci seulement qu'il est possible de traduire ; les signes idéographiques, n'exprimant que des idées, peuvent être lus dans toutes les langues, une fois qu'on a compris la relation de l'idée au signe; mais ils ne sont pas traduits.

Si la relation est naturelle, il me suffira d'ouvrir les yeux pour les lire et les entendre. Ainsi, à la vue d'un arbre, d'une maison, d'un cheval, peints sur la toile, le polonais comme l'italien, le grec comme l'égyptien, comprendront les images et trouveront, chacun dans leur langue, un mot différent pour exprimer les objets qu'ils représentent. Si la relation n'est pas naturelle, mais tropique ou énigmatique, alors il faut connoître la valeur du trope ou de l'énigme, pour lire et entendre les caractères idéographiques. Ainsi, à la vue d'un lion, je lirai homme courageux, si je sais que la figure de cet animal est le symbole constamment adopté pour le représenter. Si l'on sait que le scarabée est la figure énigmatique du monde, ce lien arbitraire d'association entre deux idées d'ailleurs disparates une fois connu, tout homme qui verra un scarabée, prononcera le mot *monde* dans sa langue naturelle. On comprend donc la difficulté que présentent les caractères *idéographiques*; elle est toute entière dans le peu de rapport du signe avec la chose signifiée. Les anciens, et surtout Horapollon, nous ont donné la signification de quelques hiéroglyphes idéographiques; mais le nombre de ceux qu'ils ont expliqué est bien peu considérable, relativement au nombre de ceux qui existent. Quelques modernes, entr'autres le père Kirker (1), ont essayé d'en pénétrer le sens; mais ils ont échoué complètement, parce qu'ils n'avoient aucune donnée positive pour fixer leurs conjectures. Comment deviner, par exemple, que la figure de l'*oie* en égyptien signifie *fils*, si l'on ne le savoit par un ancien auteur initié à l'intelligence de ce signe? D'après cela, il est évident que tout ce que nous allons dire regarde les hiéroglyphes phonétiques, puisque seuls ils peuvent être traduits. Or, ceux-ci, en supposant d'ailleurs qu'il n'existe

(1) Ce laborieux et savant Jésuite pensoit que les caractères hiéroglyphiques étoient autant de signes cabalistiques.

aucun des obstacles insurmontables que
nous avons prouvé s'opposer à leur lecture; en admettant « que la forme et la
» valeur des lettres soit parfaitement dé-
» terminées, que leur arrangement ne
» donne lieu à aucune équivoque, que la
» suppression des voyelles ne peut exposer
» à aucune méprise; en faisant pour un
» instant l'hypothèse, que l'on puisse épe-
» ler les syllables, couper et distinguer les
» mots avec autant de netteté, de certitude
» et de précision que s'ils étoient écrits
» avec quelqu'un des alphabets perfection-
» nés de l'occident; il restera toujours
» une difficulté dont le génie lui-même ne
» sauroit triompher; c'est de découvrir la
» signification des mots quand elle n'est pas
» connue par la tradition. » Où la chercher en effet? dans le *cophte*, la seule langue où nous puissions trouver des mots
appartenant à l'ancien idiome égyptien?
Mais plusieurs raisons prouvent que cette
source est tout à la fois altérée et insuffi-
sante; il est impossible que dans la longue
durée de l'empire égyptien, elle n'ait pas
subi l'action du temps à laquelle aucune

langue connue a'a échappé; une coutrée
plusieurs fois conquise par les Pasteurs,
les Perses, les Grecs, les Romains, les
Arabes, doit avoir une langue modifiée par
la langue que parlèrent ces divers conquérans; il est certain qu'on y retrouve un assès
grand nombre de mots arabes qui y ont
été introduits pour remplacer d'anciens
mots égyptiens qui avoient été perdus, des
mots grecs employés par les chrétiens à
exprimer leurs croyances et leurs rites;
d'un autre côté, ces mots de l'ancien polythéisme ont dû disparoître avec les idées
et le culte qu'ils représentent : d'ailleurs,
le cophte ne possède plus que quelques
fragmens de la Bible et une vie des Saints.
En raisonnant par analogie, on doit con-
clure que les Perses, pendant leur domi-
nation, ont nécessairement modifié la langue du pays conquis; et cependant on
prétend nous traduire des inscriptions an*
térieures à tous ces bouleversemens politi-
ques qui ont *révolutionné* la langue comme
les lois et les mœurs! On n'auroit pas de
prétentions plus exagérées, quand on pos-
séderoit l'ancien égyptien, comme nous pos-

sédons le latin. Avons-nous, pour la première de ces langues, les secours sans nombre que nous fournissent pour la seconde une foule d'écrits, de savans commentaires destinés à en dissiper les obscurités, des grammaires, des dictionnaires que de profonds philologues ont successivement perfectionnés? Les mœurs, l'histoire, la religion, les préjugés, l'organisation politique et civile, tous les événemens qui remplissent la vie d'un peuple, nous sont-ils connus pour l'Égypte comme pour l'Italie? Il ne nous reste de la première de ces contrées, que des monumens pleins de grandeur, à la vérité, mais silencieux comme la mort dont ils étoient destinés à attester le triomphe sur notre humanité. La littérature, les arts, l'histoire religieuse, civile et politique, tout à disparu. Donc, s'il faut tant de sagacité, d'instruction, pour déchiffrer certaines inscriptions latines; si, outre le secours d'une langue parfaitement connue, on a besoin de tant de connoissances historiques et archéologiques, que sera-ce des inscriptions pour lesquelles il faut recréer la langue et toute la civilisation du peuple qui les a tracées?

« Ce n'est pas la critique humaine, dit
» M. Klaproth, c'est l'intuition de la Di-
» vinité qui pourroit opérer un tel miracle;
» et l'on voudroit qu'un savant, de quel-
» ques facultés qu'on le supposât doué,
» eût fait seul, en peu d'années, ce que la
» raison et le bon sens démontrent impos-
» sible à des générations littéraires qui se
» succèderoient pendant des siècles ! »

Si quelque chose peut démontrer l'im-
possibilité de traduire, avec quelques succès, les inscriptions hiéroglyphiques de
l'Égypte, c'est l'inutilité du travail tenté
pour l'inscription de l'obélisque de Pamphile, et celle du monument de Rosette.
Dans la première, on n'a jamais pu, en
suivant la méthode de M. Champollion,
faire correspondre parfaitement avec la
valeur phonétique des signes hiéroglyphiques, la valeur phonétique des mots cophtes; dans la seconde, le sens des mots
cophtes, avec le sens des mots grecs. Mais
s'il est si difficile, avec le secours du cophte,
de retrouver quelques mots égyptiens, tels
qu'on les prononçoit sous Vespasien et

Titus, époque où l'obélisque de Pamphile a été taillé, que sera-ce pour des temps beaucoup plus anciens? Si, avec le secours d'une traduction grecque, on ne peut retrouver le sens de l'égyptien tel qu'on le parloit sous les Ptolémée, époque où a été écrit le monument de Rosette, que sera-ce, quand, sans traduction, il faudra interpréter l'idiome que parloit Sésostris? Car enfin, le cophte où l'on va chercher le sens des hiéroglyphes alphabétiques, diffère moins de la langue égyptienne, à mesure que celle-ci est plus moderne. Cependant M. Champollion n'a pu répondre à la demande que lui a faite l'illustre M. de Sacy, « de publier un travail spécial sur le texte » tant démotique qu'hiéroglyphique du » monument de Rosette, ne fût-ce qu'une » ébauche imparfaite. » « On peut assurer, » dit M. Klaproth, qu'il ne lisoit, et ne » comprenoit pas la deuxième partie des » quatorze lignes hiéroglyphiques qui res- » tent de ce monument endommagé par le » haut (1). »

(1) Page 135.

Le même savant ajoute : « L'inscription
» de Rosette est la véritable pierre de tou-
» che pour juger l'état dans lequel se trouve
» la question du déchiffrement des hiéro-
» glyphes. Le fait est qu'on lit une partie
» des noms propres, on conçoit la valeur
» de quelques signes grammaticaux ; on
» parvient à retrouver la signification de
» quelques mots dispersés dans les textes ;
» on connoît les chiffres numériques, et
» on distingue une partie des divinités
» par leurs caractères symboliques, ainsi
» que par leurs noms écrits phonétique-
» ment (1).

» Les personnes qui s'occupent de l'étude
» des antiquités égyptiennes, sont donc en
» état de lire et de comprendre les ins-
» criptions hiéroglyphiques, comme une
» personne qui ne sait pas le basque, dé-
» chiffreroit le titre suivant d'un caté-
» chisme dans cette langue, imprimé à
» Bayonne :

» *Guiristono* en doctrina *laburra, haur-*
» *gastei irokhastrer, piarils* de la Vieux-

____

(1) Page 148.

» Ville, Bayonaco *yann aphozpicuaren ma-*
» *nicos* imprimatna, *han choisqui içaileco*
» Bayonaco diocesan. On y reconnoîtra les
» mots *doctrine, diocèse, imprimé,* ainsi
» que les noms propres de Bayonne et de
» la Vieux-Ville; mais on ne parviendra
» jamais à saisir le sens entier de ce titre. »

Il nous semble que M. Klaproth accorde
encore beaucoup à M. Champollion, vu
l'extrême difficulté qu'offre la lecture des
hiéroglyphes, la comparaison de leur valeur phonétique avec celle des lettres
cophtes et du sens grammatical de cette
dernière langue avec l'ancien égyptien.
Dans le titre du catéchisme de Bayonne,
on lit du moins, et on reconnoît sans peine
les noms propres; il n'en est pas ainsi dans
l'ancien égyptien.

Devons-nous regretter beaucoup de res-
ter dans notre ignorance, ou du moins dans
une connoissance aussi incomplète des hiéroglyphes? Il est possible, que bien expli-
qués, ils nous apprissent des faits impor-
tans; jusqu'ici, toutefois, on n'y a trouvé
que des noms de souverains déjà connus
par les tables de Manethon, ou par d'au-

tres auteurs anciens; des noms des dieux
que l'antiquité nous a également transmis;
quelques dédicaces en leur honneur, et des
formules adulatrices adressées aux rois. Le
seul résultat intéressant pour la science,
dont nous puissions nous féliciter, est d'a-
voir constaté l'existence des hiéroglyphes
alphabétiques : ils peuvent expliquer le pas-
sage d'une écriture incommode et incomplète, à une écriture moins imparfaite. Ce
premier pas une fois fait, on conçoit l'a-
doption des alphabets sémitiques dans lesquels les voyelles sont supprimées, et enfin,
le dernier progrès qui fit arriver l'écriture
au point de perfection où elle est encore.
Un ecclésiastique distingué, M. l'abbé
Greppo, a essayé de prouver, dans un
ouvrage fort bien écrit, que les découvertes
de M. Champollion, dont il se déclare l'ad-
mirateur, devoient être très-utiles à la religion. Il nous semble que cet avantage, qui
devient nul si ses découvertes ne sont mieux
prouvées, n'auroit jamais pu être bien important en les supposant démontrées, puisque les inscriptions ne renfermoient seulement que des noms qui nous sont déjà

connus, et des formules insignifiantes. Les chiffres auroient quelque prix s'ils fixoient des dates incertaines ou inconnues; mais nous n'avons rien trouvé de semblable dans les découvertes de M. Champollion.

Nous ne voyons pas bien de quels triomphes la religion peut s'applaudir, lorsqu'il ne résulte des listes de souverains traduites par ce savant, la confirmation d'aucun fait important, et qu'elle fait naître, au contraire, une difficulté sur le récit de Moïse concernant le Pharaon qui gouvernoit l'Égypte à l'époque de l'émigration des Hébreux. Il est vrai que l'on prétend avoir trouvé un papyrus aussi ancien que le Joseph, fils de Jacob, d'où il résulteroit que Voltaire a nié mal à propos la possibilité d'écrire le *Pentateuque* à une époque plus récente; mais, de bonne foi, doit-on s'embarrasser beaucoup de l'assertion de Voltaire qui se contredit lui-même grossièrement, et qui, je ne sais d'après quelles conjectures, vient contester l'authenticité et la date d'un livre que démontrent les monumens les plus irrécusables. Que faudroit-il pour établir que Moïse est l'auteur du *Pentateuque*, s'il ne suffisoit pas d'avoir pour garans de ce fait le témoignage des auteurs nationaux qui se succèdant de siècle en siècle, remontent jusqu'au législateur des Hébreux ? le témoignage des auteurs étrangers, égyptiens, phéniciens, assyriens, grecs et romains, cités dans Joseph et dans saint Clément d'Alexandrie ; la parfaite conformité du style et de la narration avec les hommes, les temps et les lieux de cette haute antiquité ; enfin, la tradition de tout un peuple qui trouvoit dans les écrits de Moïse les dogmes de sa religion, les rites de son culte, son histoire, et, ce qu'il y a de plus fort et de plus péremptoire, ses lois ? Si un papyrus, en le supposant bien déchiffré, chose sur laquelle il peut y avoir de l'obscurité, ajoutoit quelque autorité à tant et à de si imposantes preuves ; certes, cette autorité devroit être bien légère.

Nous applaudirions sans doute à des découvertes incontestées, qui auroient pour résultat de faire parler en faveur de la religion les monumens de l'antique Égypte ; mais comme jusqu'ici de prétendus amis des lumières ont été chercher dans ses

énigmes insolubles des armes contre la foi,
il nous a paru utile de prouver que leurs
efforts seroient vains. M. Champollion n'a
pas, il est vrai, les mêmes reproches à se
faire que quelques autres philologues ou
archéologues ; mais convaincu que le pro-
sélytisme anti-chrétien aime à se réfugier
surtout sur un terrain peu connu, où il
puisse multiplier des hypothèses et des conjectures favorables à ses vues hostiles ; per-
suadé, au contraire, que la religion ne
peut que gagner à ramener la discussion
sur des questions moins obscures , nous
avons pensé faire une chose utile et agréa-
ble au clergé, en lui présentant dans un
langage clair et facile à saisir, l'état pré-
sent de la discussion sur les hiéroglyphes
égyptiens.

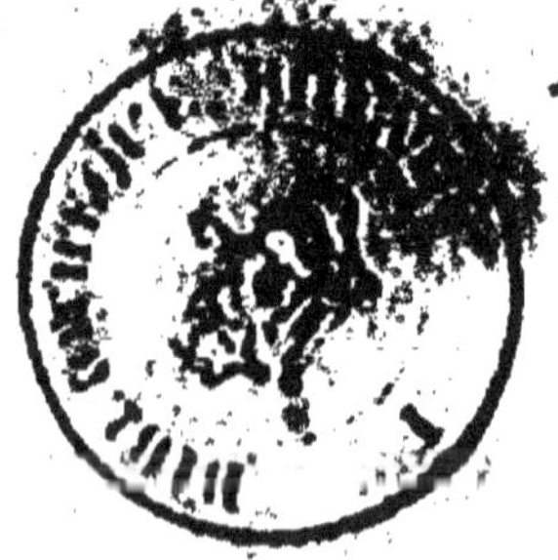

FIN.

www.ingramcontent.com/pod-product-compliance
Lightning Source LLC
LaVergne TN
LVHW020103070726
842525LV00018B/1699